ORDONNANCES
DU ROI

CONCERNANT

L'ORGANISATION DE L'ARMÉE,

ET LE RÉTABLISSEMENT

DES GARDES-DU-CORPS.

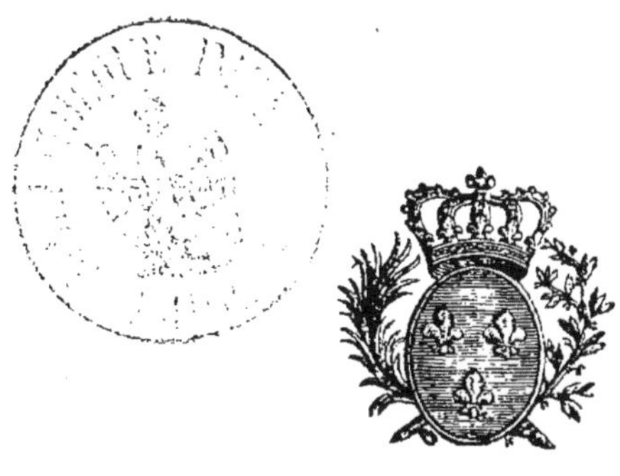

A PARIS,

CHEZ MAGIMEL, LIBRAIRE POUR L'ART MILITAIRE,
RUE DAUPHINE, N° 9.

1814.

DE L'IMPRIMERIE DE MAGIMEL,
RUE CHRISTINE, N.° 2.

ORDONNANCES
DU ROI
Concernant l'Organisation de l'Armée.

Organisation des Corps d'Infanterie et de Cavalerie composant la Vieille Garde.

LOUIS par la grace de Dieu, ROI DE FRANCE ET DE NAVARRE,

Sur le rapport de notre Ministre de la Guerre ;

De l'avis de notre Conseil de la Guerre ;

Notre Conseil d'Etat entendu,

Avons ORDONNÉ et ORDONNONS ce qui suit :

ART. 1er. L'infanterie de la Vieille garde formera deux régimens de trois bataillons chacun : le premier régiment portera le nom de *Corps royal des Grenadiers de France ;* et le second celui de *Corps royal des Chasseurs à pied de France.*

2. Il sera formé des troupes à cheval de la Vieille garde, un régiment sous la dénomination de *Corps royal des Cuirassiers de France*, un régiment sous le nom de *Corps royal des Dragons de France*, un régiment sous le nom de *Corps royal des Chasseurs à cheval de France* ; et un régiment sous le nom de *Corps royal des Chevau-légers-lanciers de France.*

3. Tous ces régimens d'infanterie et de troupes à cheval auront la même composition que les régimens de leur arme respective dans l'armée de ligne.

4. Les officiers, sous-officiers et soldats de ces corps, recevront des appointemens et une solde supérieure proportionnée à celle qui avoit été fixée pour la Vieille garde ; ils continueront aussi à jouir des prérogatives individuelles, et du rang qui leur étoit assigné dans l'armée.

5. Notre Ministre de la guerre est chargé de l'exécution de la présente ordonnance.

Organisation de l'Infanterie française.

ART. 1er. Il y aura quatre-vingt-dix régimens d'infanterie de ligne.

Chaque régiment sera de trois bataillons.

Chaque bataillon sera composé de six compagnies, dont une de grenadiers, quatre de fusiliers et une de voltigeurs.

2. Les trente premiers régimens conserveront leurs numéros.

Le 32.e rég.^{t} prendra le n.^{o}	31.	Le 65.e rég.^{t} prendra le n.^{o}	61.
33.^{e}	32.	66.^{e}	62.
34.^{e}	33.	67.^{e}	63.
35.^{e}	34.	69.^{e}	64.
36.^{e}	35.	70.^{e}	65.
37.^{e}	36.	72.^{e}	66.
39.^{e}	37.	75.^{e}	67.
40.^{e}	38.	76.^{e}	68.
42.^{e}	39.	79.^{e}	69.
43.^{e}	40.	81.^{e}	70.
44.^{e}	41.	82.^{e}	71.
45.^{e}	42.	84.^{e}	72.
46.^{e}	43.	85.^{e}	73.
47.^{e}	44.	86.^{e}	74.
48.^{e}	45.	88.^{e}	75.
50.^{e}	46.	92.^{e}	76.
51.^{e}	47.	93.^{e}	77.
52.^{e}	48.	94.^{e}	78.
53.^{e}	49.	95.^{e}	79.
54.^{e}	50.	96.^{e}	80.
55.^{e}	51.	100.^{e}	81.
56.^{e}	52.	101.^{e}	82.
57.^{e}	53.	102.^{e}	83.
58.^{e}	54.	103.^{e}	84.
59.^{e}	55.	104.^{e}	85.
60.^{e}	56.	105.^{e}	86.
61.^{e}	57.	106.^{e}	87.
62.^{e}	58.	107.^{e}	88.
63.^{e}	59.	108.^{e}	89.
64.^{e}	60.	111.^{e}	90.

Le 1.er régiment d'infanterie de ligne prendra la dénomination de régiment *du Roi ;*

Le 2.e prendra celle de régiment	*de la Reine ;*
3.^{e}	*Dauphin ;*
4.^{e}	*Monsieur ;*
5.^{e}	*Angoulême ;*
6.^{e}	*Berri ;*
7.^{e}	*Orléans ;*
8.^{e}	*Condé ;*
9.^{e}	*Bourbon.*

Il sera ultérieurement donné des noms aux autres régimens d'infanterie de ligne.

3. Il y aura quinze régimens d'infanterie légère.

Chaque régiment sera de trois bataillons. Chaque bataillon sera de six compagnies, dont une de carabiniers, quatre de chasseurs et une de voltigeurs.

4. Les quinze premiers régimens conserveront leurs numéros.

Le 1.er régiment prendra la dénomination de régiment *du Roi*;
Le 2.e celle de régiment *de la Reine*.
3.e ———————— *Dauphin*;
4.e ———————— *Monsieur*;
5.e ———————— *Angoulême*;
6.e ———————— *Berri*.

Il sera ultérieurement donné des noms aux autres régimens d'infanterie légère.

5. Les 112.e, 113.e, 114.e, 115.e, 116.e, 117.e, 118.e, 119.e, 120.e, 121.e, 122.e, 123.e, 124.e, 127.e, 128.e, 130.e, 131.e, 132.e, 133e., 134.e, 135.e, 136.e, 137.e, 138e, 139.e, 140.e, 141.e, 142.e, 143.e, 144.e, 145.e, 149.e, 150.e, 151.e, 152.e, 153.e, 154.e, 155.e et 156.e régimens d'infanterie de ligne, les 16.e, 17.e, 18.e, 19e., 21.e, 22.e, 23.e, 24.e, 25.e, 26e., 27.e, 28.e, 29.e, 31.e, 32.e, 33.e, 34.e, 35.e, 36.e et 37.e régimens d'infanterie légère, les quinze régimens de tirailleurs, les quinze régimens de voltigeurs et les deux régimens de flanqueurs, seront distribués entre les cent cinq régimens, conformément à la répartition qui en sera faite par le ministre de la guerre.

Les deux régimens de ligne créés par l'arrêté du 23 avril dernier seront amalgamés avec les deux régimens d'infanterie de ligne du Roi et de la Reine.

Les deux régimens d'infanterie légère créés par le même arrêté, seront amalgamés avec les deux régimens d'infanterie légère du Roi et de la Reine.

6. L'état-major et les compagnies, dans chaque régiment d'infanterie de ligne et d'infanterie légère, seront organisés ainsi qu'il suit :

ÉTAT-MAJOR.	Officiers.	Troupe.	COMPAGNIES.	Officiers.	Troupe.
Colonel	1.	»	Capitaine	1.	»
Major	1.	»	Lieutenant	1.	»
Chefs de bataillon	3.	»	Sous-lieutenant	1.	»
Adjudans-majors	3.	»	Sergent-major	»	1.
Quartier-maître	1.	»	Sergens	»	4.
Porte-drapeau	1.	»			
Chirurgiens: Majors	1.	»			
Chirurgiens: Aide-major	1.	»			
Chirurgiens: Sous-aide	1.	»	Fourrier	»	1.
Adjudans-sous-officiers	»	3.	Caporaux	»	8.
Tambour-major	»	1.	Grenadiers, fusiliers		
Caporal tambour	»	1.	ou voltigeurs	»	56.
Musiciens, dont un chef	»	8.	Tambours	»	2.
Maîtres: Tailleur-guêtrier	»	1.			
Maîtres: Cordonnier	»	1.			
Maîtres: Armurier	»	1.			
TOTAUX	13.	16.	TOTAUX	3.	72.

Ainsi la force d'un régiment sera de treize cent soixante-dix-neuf hommes, dont soixante-sept officiers et treize cent douze sous-officiers et soldats; et la force totale de l'infanterie de ligne et légère en officiers, sous-officiers et soldats, sera de cent quarante-quatre mille sept cent quatre-vingt-quinze, dont un quart au moins sera en congé.

7. Dans l'amalgame qui aura lieu pour la formation de chacun des cent cinq régimens, les officiers et sous-officiers de tout grade seront placés titulairement suivant leur rang d'ancienneté, soit qu'ils se trouvent présentement titulaires, soit qu'ils se trouvent à la suite.

8. Il y aura par régiment un drapeau, dont le fond sera blanc, portant l'écusson de France et la désignation du régiment. Le modèle nous en sera présenté par le ministre de la guerre; et les drapeaux seront donnés aux régimens à l'époque que nous fixerons. Outre le drapeau de chaque régiment, chaque bataillon aura un fanion, dont la couleur et les dimensions seront déterminées d'une manière uniforme pour tous les régimens, par un réglement du ministre de la guerre.

9. Il y aura deux enfans de troupe par compagnie, pris parmi ceux des sous-officiers et soldats du régiment : ils jouiront des avantages qui leur ont été accordés par les derniers réglemens.

10. Les appointemens et indemnités des officiers, et la solde des sous-officiers et soldats, resteront tels qu'ils sont établis par les réglemens actuellement en vigueur.

11. Les sous-officiers, caporaux et tambours qui excéderont le complet, seront conservés aux régimens, et y recevront la solde d'activité : ils prendront successivement les emplois vacans; et il n'y aura point d'avancement dans ces différens grades que tous les sous-officiers, caporaux et tambours surnuméraires n'aient été placés.

Quant à ceux qui reviendront des prisons de guerre après l'organisation effectuée, ils seront mis à la suite des corps, suivant la répartition qui en sera faite par le ministre de la guerre, et ils jouiront du bénéfice des dispositions précédentes.

12. Aussitôt après l'organisation de l'infanterie, sa situation générale sera mise sous nos yeux, et nous déterminerons le nombre de congés absolus à accorder.

13. Les officiers nés dans les pays qui, à la paix, ne feront plus partie de la France, seront libres de continuer leurs services, ou de retourner dans leurs foyers.

14. Seront rendus au département de la marine tous les officiers qui ont passé de ce service à l'armée de terre.

15. Seront admis à la solde de retraite tous les officiers qui, par l'ancienneté de leurs services, leurs blessures ou leurs infirmités, ont des droits acquis à une solde de retraite, d'après les réglemens

actuellement en vigueur. Seront également admis à la retraite ou à la réforme, avec les droits que leur donnent leurs nouveaux services, tous les officiers qui sont rentrés en activité depuis le 1er. janvier 1812.

En conséquence, les généraux chargés de l'organisation ne placeront comme titulaire aucun officier auquel les dispositions précédentes pourroient être applicables.

16. Outre les officiers nécessaires pour le complet du corps, il sera conservé à la suite de chaque régiment, et suivant l'ordre d'ancienneté, sauf les modifications indispensables, un chef de bataillon, un adjudant-major, six capitaines, six lieutenans et six sous-lieutenans, y compris un quartier-maître, qui, de même que les officiers titulaires, seront payés sur le pied d'activité.

Tous les autres officiers, sans distinction de grade, y compris ceux qui reviendront des prisons de guerre après l'organisation effectuée, seront admis à jouir, dans leurs foyers, d'un traitement égal à la moitié des appointemens d'activité.

17. Les deux premiers tiers des emplois qui viendront à vaquer dans les cadres d'officiers, appartiendront exclusivement, savoir : ceux de colonel et de major, aux colonels et aux majors en non-activité, dans l'ordre de leur ancienneté;

Ceux de chef de bataillon, capitaine, lieutenant et sous-lieutenant, aux chefs de bataillon, capitaines, lieutenans et sous-lieutenans à la suite, aussi dans l'ordre de leur ancienneté.

Nous nous réservons la nomination à l'autre tiers des emplois de tout grade qui viendront à vaquer.

Au fur et à mesure que des officiers à la suite seront appelés à remplir des emplois en pied, des officiers en non-activité seront appelés à remplacer ceux qui, par l'effet du présent article, passeront de l'emploi à la suite à l'emploi titulaire. Les officiers en non-activité rouleront, pour leur rappel, sur la totalité de l'arme à laquelle ils appartiennent, d'après l'ordre du tableau général qui sera dressé par ancienneté pour chaque arme.

Les officiers à la suite et ceux en non-activité concourront, avec les officiers titulaires, pour les emplois de tous les corps qui pourront être créés par la suite.

18. Jusqu'à ce que les officiers désignés pour la solde de retraite, le traitement de réforme ou de non-activité, aient reçu leur ordre de départ, ils resteront à leur régiment, et y recevront leur traitement d'activité.

19. Le ministre de la guerre est chargé de l'exécution de la présente ordonnance.

Organisation de la Cavalerie française.

Art. 1er. Il y aura cinquante-six régimens de cavalerie, savoir :

2 régimens de Carabiniers,
12 régimens de Cuirassiers,
15 régimens de Dragons,
6 régimens de Lanciers,
15 régimens de Chasseurs,
6 régimens de Hussards.

2. Chaque régiment sera de quatre escadrons.

Chaque escadron sera composé de deux compagnies.

3. L'état-major et les compagnies des régimens de cavalerie seront organisés ainsi qu'il suit :

ÉTAT-MAJOR.

	OFFICIERS.	TROUPES.	CHEV. d'Officiers.	CHEV. de Troupe.
Colonel	1.	»	3.	»
Major	1.	»	3.	»
Chefs-d'escadron	2.	»	4.	»
Adjudans-majors	2.	»	4.	»
Quartier-maître	1.	»	1.	»
Porte-étendard	1.	»	1.	»
Chirurgien-major	1.	»	1.	»
Aide-chirurgien	1.	»	1.	»
Adjudans-sous-offic.	»	2.	»	2.
Maréchal vétérinaire en 1er	»	1.	»	1.
Maréchal vétérinaire en 2e	»	1.	»	1.
Brigadier-trompette	»	1.	»	1.
Maîtres: Tailleur	»	1.	»	»
Maîtres: Sellier	»	1.	»	»
Maîtres: Bottier	»	1.	»	»
Maîtres: Culottier	»	1.	»	»
Maîtres: Arm.er-éperonn.er	»	1.	»	»
	10.	10.	18.	5.

COMPAGNIES.

	OFFICIERS.	TROUPE.	CHEV. d'Officiers.	CHEV. de Troupe.
Capitaine	1.	»	2.	»
Lieutenant	1.	»	1.	»
Sous-lieutenans	2.	»	2.	»
Maréch.-des-log.-ch.	»	1.	»	1.
Maréchaux-des-logis	»	4.	»	4.
Fourrier	»	1.	»	1.
Brigadiers	»	8.	»	8.
Carabin.rs, Cuirassiers, Drag. lanc., Chass.rs ou hussards — montés	»	42.	»	»
Carabin.rs, Cuirassiers, Drag. lanc., Chass.rs ou hussards — non mont.	»	16.	»	»
Trompettes	»	2.	»	2
	4.	74.	5.	58.

Les régimens de lanciers, chasseurs et hussards, n'auront point de maître culottier.

	Officiers.	Troupe.	CHEVAUX d'Officiers.	CHEVAUX de Troupe.
Ainsi la force de chacun des régimens de carabiniers, cuirassiers et dragons, sera de.	42.	602.	58.	469.
Celle des régimens de lanciers, chasseurs et hussards, sera de	42.	601.	58.	469.
Et la force totale de la cavalerie sera de . .	2,352.	33,685.	3,248.	26,264.

4. Il y aura dans chaque régiment de dragons, lanciers, chasseurs et hussards, une compagnie d'élite; elle sera la première du régiment.

5. Les deux régimens de carabiniers formeront une brigade, et reprendront la dénomination de *Corps de Carabiniers de Monsieur*.

Dans le cas où l'effectif actuel de ces régimens ne seroit pas suffisant, il sera ultérieurement pourvu à leur complètement.

6. Les douze régimens de cuirassiers prendront les douze premiers numéros.

Le 1er. régiment de cuirassiers prendra la dénomination de *Régiment du Roi*;

Le 2e. celle de *Régiment de la Reine*;

Le 3e. ——————— *Dauphin*;

Le 4e. ——————— *Angoulême*;

Le 5e. ——————— *Berri*.

Il sera donné plus tard des noms aux autres régimens de cuirassiers.

Le régiment de cuirassiers créé par l'arrêté du 23 avril dernier sera amalgamé avec le régiment de cuirassiers du Roi.

Les 13e. et 14e. régimens de cuirassiers seront distribués entre les douze régimens conservés, conformément à la répartition qui en sera faite par le ministre de la guerre.

Dans le cas où l'effectif actuel de ces régimens en cavaliers seroit insuffisant, il sera ultérieurement pourvu à leur complètement.

7. Le 2e. régiment de dragons prendra le no. 1.
Le 4e. ——————— le no. 2.
Le 5e. ——————— le no. 3.
Le 6e. ——————— le no. 4.
Le 7e. ——————— le no. 5.
Le 11e. ——————— le no. 6.
Le 12e. ——————— le no. 7.

Le 13e. ——————————— le no. 8.
Le 14e. ——————————— le no. 9.
Le 15e. ——————————— le no. 10.
Le 16e. ——————————— le no. 11.
Le 17e. ——————————— le no. 12.
Le 18e. ——————————— le no. 13.
Le 19e. ——————————— le no. 14.
Le 20e. ——————————— le no. 15.

Le 1er. régiment de dragons prendra la dénomination de *Régiment du Roi ;*
Le 2e. celle de *Régiment de la Reine ;*
Le 3e. ——————————— *Dauphin ;*
Le 4e. ——————————— *Monsieur ;*
Le 5e. ——————————— *Angoulême ;*
Le 6e. ——————————— *Berri ;*
Le 7e. ——————————— *Orléans ;*
Le 8e. ——————————— *Condé.*

Il sera donné plus tard des noms aux autres régimens de dragons.

Le régiment de dragons créé par l'arrêté du 23 avril dernier sera amalgamé dans le régiment de dragons du Roi.

Les 21e., 22e., 23e., 24e., 25e., 26e., 27e., 28e. et 30e. régimens de dragons seront distribués entre les quinze régimens conservés, conformément à la répartition qui en sera faite par le ministre de la guerre.

8. Les six premiers régimens de lanciers prendront les numéros de 1 à 6.

Le 1er. régiment de lanciers prendra la dénomination de *Régiment du Roi ;*
Le 2e. celle de *Régiment de la Reine ;*
Le 3e. ——————————— *Dauphin ;*
Le 4e. ——————————— *Monsieur ;*
Le 5e. ——————————— *Angoulême ;*
Le 6e. ——————————— *Berri.*

Le 9e. régiment sera distribué entre les six premiers, suivant la répartition qui sera faite par le ministre de la guerre.

9. Les quinze premiers régimens de chasseurs à cheval prendront les numéros de 1 à 15.

Le 1er régiment de chasseurs à cheval prendra la dénomination de *Régiment du Roi ;*
Le 2e. celle de *Régiment de la Reine ;*
Le 3e. ——————————— *Dauphin ;*
Le 4e. ——————————— *Monsieur ;*
Le 5e. ——————————— *Angoulême ;*
Le 6e. ——————————— *Berri ;*
Le 7e. ——————————— *Orléans ;*
Le 8e. ——————————— *Bourbon.*

Il sera donné plus tard des noms aux autres régimens de chasseurs.

Le régiment de chasseurs créé par l'arrêté du 23 avril dernier sera amalgamé avec le régiment de chasseurs du Roi.

Les 16ᵉ, 19ᵉ, 20ᵉ, 21ᵉ, 22ᵉ, 23ᵉ, 24ᵉ, 25ᵉ, 26ᵉ, 27ᵉ, 28ᵉ, 29ᵉ et 31ᵉ régimens de chasseurs seront distribués entre les quinze régimens conservés, conformément à la répartition qui sera faite par le ministre de la guerre.

10. Les six premiers régimens de hussards prendront les numéros de 1 à 6.

Le 1ᵉʳ. régiment de hussards prendra la dénomination de *Régiment du Roi ;*

Le 2ᵉ. celle de *Régiment de la Reine ;*
Le 3ᵉ. ——————————— *Dauphin ;*
Le 4ᵉ. ——————————— *Monsieur ;*
Le 5ᵉ. ——————————— *Angoulême ;*
Le 6ᵉ. ——————————— *Berri.*

Le régiment de hussards créé par l'arrêté du 23 avril dernier sera amalgamé avec le régiment de hussards du Roi.

Les 7ᵉ, 8ᵉ, 9ᵉ, 10ᵉ, 11ᵉ, 12ᵉ, 13ᵉ et 14ᵉ régimens de hussards seront distribués entre les six régimens conservés, conformément à la répartition qui sera faite par le ministre de la guerre.

11. Le 1ᵉʳ régiment d'éclaireurs, administré par le régiment de grenadiers à cheval; le 2ᵉ. régiment d'éclaireurs, administré par le régiment de dragons de la garde; l'escadron de jeune garde attaché aux grenadiers à cheval; celui qui est attaché aux dragons; les quatre qui sont attachés aux chasseurs, et les cinq qui le sont au 2ᵉ. régiment de lanciers de la garde, seront distribués dans les cinquante-six régimens de cavalerie, conformément à la répartition qui sera faite par le ministre de la guerre.

Sont exceptés de cette disposition les gardes d'honneur qui ont été placés dans ces corps, et qui peuvent rejoindre les dépôts des régimens dont ils ont été tirés.

12. Dans l'amalgame qui aura lieu pour la formation de chacun des cinquante-six régimens de cavalerie, les officiers et sous-officiers de tout grade seront placés titulairement, suivant leur rang d'ancienneté, soit qu'ils se trouvent présentement titulaires, soit qu'ils se trouvent à la suite.

13. Il y aura par régiment de carabiniers, cuirassiers, lanciers, chasseurs et hussards, un étendard; et par régiment de dragons, un guidon. Le fond de l'étendard et du guidon sera blanc, portant l'écusson de France et la désignation du régiment. Les étendards et guidons seront donnés aux régimens à l'époque que nous fixerons. Le modèle nous en sera présenté par notre ministre de la guerre.

14. Il y aura deux enfans de troupe par compagnie, pris parmi ceux des sous-officiers et soldats du régiment. Ils jouiront des avantages qui leur ont été accordés par les réglemens existans.

15. Les appointemens et indemnités des officiers, la solde des sous-officiers et soldats, restent tels qu'ils sont établis par les réglemens en vigueur.

16. Les sous-officiers, brigadiers et trompettes qui excéderont le complet, seront conservés aux régimens, et y recevront la solde d'activité. Ils prendront successivement les emplois vacans; et il n'y aura point d'avancement dans ces différens grades que tous les sous-officiers, brigadiers et trompettes surnuméraires n'aient été placés.

Quant à ceux qui reviendront des prisons de guerre après l'organisation effectuée, ils seront mis à la suite des corps, suivant la répartition qui en sera faite par le ministre de la guerre, et ils jouiront du bénéfice des dispositions précédentes.

17. Aussitôt après l'organisation de la cavalerie, sa situation générale sera mise sous nos yeux, et nous déterminerons le nombre de congés absolus à accorder.

18. Les officiers nés dans les pays qui, à la paix, ne feront plus partie de la France, seront libres de continuer leurs services, ou de retourner dans leurs foyers.

19. Seront admis à la solde de retraite tous les officiers qui, par l'ancienneté de leurs services, leurs blessures ou leurs infirmités, ont des droits acquis à une solde de retraite d'après les réglemens en vigueur.

En conséquence, les généraux chargés de l'organisation ne placeront comme titulaire aucun officier auquel les dispositions précédentes pourroient être applicables.

20. Outre les officiers nécessaires pour le complet, il sera conservé à la suite de chaque régiment, et suivant l'ordre d'ancienneté, sauf les modifications indispensables, un chef d'escadron, un adjudant-major, deux capitaines, deux lieutenans, quatre sous-lieutenans et un quartier-maître.

Tous les autres officiers, sans distinction de grade, seront admis à jouir, dans leurs foyers, d'un traitement égal à la moitié des appointemens d'activité.

21. Les deux premiers tiers des emplois qui viendront à vaquer dans les cadres d'officiers, appartiendront exclusivement, savoir:

Ceux de colonel et de major, aux colonels et aux majors en non-activité, dans l'ordre de leur ancienneté;

Ceux de chef d'escadron, capitaine, lieutenant et sous-lieutenant, aux chefs d'escadron, capitaines, lieutenans et sous-lieutenans à la suite, aussi dans l'ordre de leur ancienneté.

Nous nous réservons la nomination à l'autre tiers des emplois de tout grade qui viendront à vaquer.

Au fur et à mesure que des officiers à la suite seront appelés à remplir des emplois en pied, des officiers en non-activité seront appelés à remplacer ceux qui, par l'effet du présent article, passeront de l'emploi à la suite à l'emploi titulaire.

Les officiers en non-activité rouleront, pour leur rappel à la suite, sur la totalité de l'arme à laquelle ils appartiennent, d'après l'ordre du tableau général qui sera dressé par ancienneté pour chaque arme.

Les officiers à la suite et ceux en non-activité concourront, avec les officiers titulaires, pour les emplois de tous les corps qui pourront être créés par la suite.

22. Jusqu'à ce que les officiers désignés pour la solde de retraite, ou pour le traitement de réforme, ou pour celui de non-activité, aient reçu leur ordre de départ, ils resteront à leur régiment, et y recevront leur traitement d'activité.

23. Notre ministre de la guerre est chargé de l'exécution de la présente ordonnance.

Organisation du Corps royal d'Artillerie.

TITRE Ier.

Bases générales de l'Organisation du Corps royal de l'Artillerie.

Art. 1er. Le corps de l'artillerie sera composé

D'un état-major général ;
De huit régimens d'artillerie à pied ;
De quatre régimens d'artillerie à cheval ;
D'un bataillon de pontonniers ;
De douze compagnies d'ouvriers d'artillerie ;
De quatre escadrons du train d'artillerie,
Et des employés à la suite du corps.

2. Les établissemens d'artillerie se composeront de

Huit écoles de régiment ;
Une école des élèves ;
Huit arsenaux de construction ;
Trois fonderies de bouches à feu ;
Sept manufactures d'armes ;
Quatre arrondissemens de forges pour la fonte des projectiles ;
Trente directions territoriales ;
Quarante sous-directions.

TITRE II.

Composition de l'Etat-major général et des Troupes d'artillerie.

3. L'état-major général du corps sera composé, conformément

au tableau n°. 1, de

1 général de division, premier inspecteur-général;
9 généraux de division, inspecteurs-généraux;
12 généraux de brigade, dont huit commandans d'école, deux membres du comité central de l'artillerie, un commissaire près l'administration des poudres et salpêtres, et un employé extraordinaire;
30 colonels directeurs d'arrondissement, dont huit seront directeurs des arsenaux de construction dans leurs arrondissemens;
1 colonel-directeur-général des manufactures d'armes;
1 colonel-directeur-général des fontes;
1 colonel-directeur-général des forges;
1 colonel commandant l'école des élèves;
2 colonels membres du comité central;
10 majors sous-directeurs ou inspecteurs d'établissement;
40 chefs de bataillon, *idem*;
2 chefs de bataillon à l'école des élèves;
40 capitaines en résidence à vie;
50 élèves.

200.

4. Sur le nombre des officiers généraux et supérieurs composant l'état-major général du corps de l'artillerie, le ministre de la guerre designera, chaque année, les officiers des grades ci-après indiqués, pour former le comité central qui, aux termes des anciens réglemens, est chargé d'examiner, discuter et présenter ses vues sur les améliorations, projets, etc., concernant le service de l'arme, savoir :

1 général de division;
2 généraux de brigade;
2 colonels;
1 major ou chef de bataillon, secrétaire du comité.

5. Le premier inspecteur général de l'artillerie présidera le comité, et en proposera la composition au ministre de la guerre.

Les inspecteurs généraux d'artillerie présens à Paris, soit en activité, soit en non-activité, seront appelés à ce comité, et y auront voix délibérative.

6. Chacun des huit régimens d'artillerie à pied sera composé conformément au tableau n°. 2, et aura vingt-une compagnies.

Ainsi sa force sera de,

	PIED DE PAIX.
Officiers.	94.
Sous-officiers et soldats	1,320.
TOTAL.	1,414.

7. Chacun des quatre régimens d'artillerie à cheval sera composé conformément au tableau n°. 3, et aura six compagnies.

Ainsi sa force sera de,

	PIED DE PAIX.
Officiers	31.
Sous-officiers et soldats	380.
TOTAL	411.

La moitié seulement des sous-officiers et soldats sera montée en temps de paix.

8. Le bataillon de pontonniers sera composé conformément au tableau n°. 4, et aura huit compagnies.

Ainsi sa force sera de,

	PIED DE PAIX.
Officiers	35.
Sous-officiers et soldats	502.
TOTAL	537.

9. Chacune des douze compagnies d'ouvriers sera composée conformément au tableau n°. 5.

Ainsi la force de chaque compagnie sera de,

	PIED DE PAIX.
Officiers	4.
Sous-officiers et soldats	62.
TOTAL	66.

10. Chacun des quatre escadrons du train d'artillerie sera composé, en temps de paix, conformément au tableau n°. 6, et aura quatre compagnies.

Ainsi la force de chaque escadron sera de,

	PIED DE PAIX.
Officiers	15.
Sous-officiers et soldats	256.
TOTAL.	271.
Chevaux.	120.

21. Le nombre et les fonctions des employés à la suite du corps de l'artillerie seront réglés comme il suit :

Pour les écoles régimentaires d'artillerie . . . . .
- 8 professeurs de mathématiques ;
- 8 répétiteurs de mathématiques ;
- 8 professeurs de dessin ;
- 8 conducteurs d'artillerie ;
- 8 artificiers.

Pour l'école des élèves d'artillerie . . . . L'organisation de l'école des élèves d'artillerie restera telle qu'elle est aujourd'hui, si elle reste commune à l'artillerie et au génie : dans le cas contraire, il sera fait une organisation pour l'école spéciale d'artillerie.

Pour les arsenaux de construction.
- 8 gardes d'artillerie de 1re classe ;
- 8 gardes *idem* de 3e classe ;
- 8 conducteurs *idem* ;
- 8 chefs ouvriers d'état ;
- 8 sous-chefs *idem* ;
- 80 ouvriers d'état.

Pour les fonderies.
- 3 contrôleurs de fontes ;
- 3 gardes d'artillerie de 3e classe.

Pour les manufactures d'armes. .
- 9 contrôleurs de 1re classe ;
- 24 contrôleurs de 2e classe ;
- 36 réviseurs ;
- 4 gardes d'artillerie de 3e classe.

Pour les directions territoriales. . .
- 30 gardes d'artillerie de 2e classe ;
- 151 gardes *idem* de 3e classe.

TOTAL. . . . . 424 employés.

12. Ainsi la force générale du corps de l'artillerie sera de

1,219 officiers,
14,350 sous-officiers et soldats,
424 employés;

TOTAL. . . . 15,993 en temps de paix;

ainsi qu'elle est établie au tableau n°. 7.

13. Il y aura deux enfans de troupe par compagnie d'artillerie à pied, à cheval, de pontonniers, d'ouvriers et du train d'artillerie: ces enfans de troupes seront pris parmi ceux des sous-officiers et soldats du corps, et ils jouiront des avantages qui leur ont été accordés par les derniers réglemens.

14. Les régimens d'artillerie à pied auront le même nombre d'officiers de santé que les régimens d'infanterie : les régimens d'artillerie à cheval, le bataillon de pontonniers et les escadrons du train seront assimilés, pour le même objet, aux régimens de cavalerie.

15. Chaque régiment d'artillerie à pied aura un drapeau, et chaque régiment à cheval aura un étendard, dans les formes respectivement adoptées pour les régimens d'infanterie et de cavalerie: les décorations de ces drapeaux et étendards subsisteront telles que Louis XIV les avoit accordées à ce corps, par ordonnance spéciale.

TITRE III.

Emplacement des Établissemens d'artillerie.

16. Les établissemens d'artillerie seront placés comme est indiqué ci-après :

Ecoles régimentaires. . . { Douai. Metz. Strasbourg. Grenoble. Besançon. Auxonue. Toulouse. Rennes.

Ecole des élèves à . . . . Metz.

Arsenaux de construction { Douay. La Fère. Metz. Strasbourg. Auxonne. Grenoble. Toulouse. Rennes.

Fonderies de bouches à feu. . . . . { Douai. Strasbourg. Toulouse.

Manufactures d'armes à. . { Maubenge. Charleville. Mutzig. Klingenthal (*pour les armes blanches seulement*). Saint-Etienne. Tulle. Versailles.

Arrondissement de forges. { Mézières. Metz. Besançon. Vierzon.

Les arrondissemens des trente directions territoriales seront fixés à la paix, ainsi que les chefs-lieux de ces directions et l'emplacement des sous-directeurs.

TITRE IV.

Dispositions à prendre pour effectuer la nouvelle Organisation.

17. Seront admis à la solde de retraite les officiers qui, par l'ancienneté de leurs services, leurs blessures ou leurs infirmités, ont des droits acquis à une pension de retraite, d'après les réglemens actuellement en vigueur.

18. Seront également admis à la retraite ou à la réforme, avec les droits que leur donnent leurs nouveaux services, tous les officiers retraités ou réformés qui sont rentrés en activité de service depuis le 1er janvier 1812.

19. Seront rendus au département de la marine tous les officiers qui ont été tirés de ce service pour passer à celui de l'artillerie de terre.

20. Les officiers nés dans les pays qui, à la paix, ne feront plus partie de la France, seront libres de continuer leurs services, ou de rentrer dans leurs foyers.

21. Tous les officiers non compris dans les cas d'exclusion précédemment énoncés seront conservés dans le corps de l'artillerie, avec les grades dont ils sont actuellement pourvus, et employés de la manière ci-après indiquée, savoir :

Les généraux de division alterneront entre eux pour remplir, d'année en année, à tour de rôle et par rang d'ancienneté, les neuf emplois d'inspecteurs généraux, et celui de membre du comité central de l'artillerie.

Sur le nombre de généraux de brigade existans, les neuf plus anciens seront désignés pour remplir, à poste fixe, les fonctions de commandant d'école, et l'emploi de commissaire près l'administration des poudres. Le surplus alternera pour remplir les emplois de membres du comité central de l'artillerie, d'après le même principe que celui qui vient d'être indiqué pour les généraux de division.

Les quarante-huit plus anciens colonels seront désignés pour occuper les emplois titulaires de ce grade : le surplus sera surnuméraire, et sera successivement appelé, par tour d'ancienneté, à remplir les emplois qui viendront à vaquer.

Les vingt-trois majors les plus anciens de grade rempliront les vingt-trois emplois de ce grade; les autres seront surnuméraires, et seront successivement appelés aux emplois vacans, comme il est dit ci-dessus pour les colonels.

Les chefs de bataillon et d'escadron concourront entre eux pour remplir alternativement, d'année en année, par rang d'ancienneté et à tour de rôle, les quatre-vingt-quatorze emplois titulaires de ce grade.

Les deux cent douze capitaines les plus anciens rempliront, à poste fixe, les emplois de première classe de ce grade : les autres capitaines concourront entre eux pour remplir alternativement, d'année en année, les emplois de capitaine en second, conformément au principe énoncé ci-dessus, concernant ce mode de service.

Les adjudans-majors et quartiers-maîtres des régimens et bataillons supprimés rentreront dans la classe de leurs grades respectifs.

Les deux cent douze lieutenans les plus anciens du corps rempliront, à poste fixe, les emplois de première classe de ce grade : les autres lieutenans concourront entre eux pour remplir alternativement, d'année en année, les emplois de lieutenant en second, ainsi qu'il est expliqué pour les capitaines.

22. Les officiers destinés à alterner pour l'exercice des emplois à l'égard desquels ce mode de service est adopté, seront mis en non-activité pour le temps pendant lequel ils ne seront pas appelés à remplir ces emplois.

23. Les officiers mis en non-activité, par les motifs expliqués ci-dessus, et les officiers surnuméraires, jouiront de la moitié de leur solde d'activité.

24. Les officiers admis à la pension de retraite, ou qui devront passer à l'état de non-activité, recevront leur solde d'activité jusqu'à l'époque où ils recevront leur ordre sur leur nouvelle destination.

25. Les deux tiers des emplois qui viendront à vaquer, seront donnés aux officiers surnuméraires ou en non-activité; l'autre tiers des emplois sera donné à l'avancement, suivant le mode qui sera ultérieurement fixé.

26. A dater de l'année 1815, les officiers appelés en activité re-

joindront leur poste au 1er mai ; et ceux qui rentreront en non-activité, le quitteront à la même époque.

27. Il sera conservé en activité et à titre de surnuméraires, un quart en sus du nombre de conducteurs et de gardes d'artillerie fixé par l'organisation : ces employés surnuméraires seront mis à la suite des établissemens d'artillerie, et appelés successivement à remplir les emplois qui viendront à vaquer.

28. Les sous-officiers et caporaux excédant le complet des emplois de ce grade conserveront leur grade, et seront employés dans les grades immédiatement inférieurs, jusqu'à ce qu'ils puissent l'être dans celui dont ils sont titulaires.

29. Il sera choisi, sur la totalité des officiers et sous-officiers du train d'artillerie, un nombre de sujets double de celui des emplois conservés : les uns et les autres concourront pour remplir ces emplois suivant le mode adopté pour les troupes d'artillerie.

30. Les officiers et sous-officiers de ce corps, non compris dans l'organisation, seront assimilés à ceux des autres armes mis hors d'activité.

31. Les employés d'artillerie excédant le complet de l'organisation, dont les services ou les infirmités ne leur donnent aucun droit à la pension de retraite, auront la faculté de prendre leurs congés absolus, ou de rentrer dans les régimens d'artillerie d'où ils sortent, avec les grades qu'ils y occupoient avant leur sortie.

32. Les huit premiers régimens d'artillerie à pied sont conservés ; le neuvième sera dissous, et amalgamé dans les huit autres régimens.

33. Il sera fait choix, sur les six régimens d'artillerie à cheval, des quatre qui devront être conservés, eu égard à leur composition actuelle : les deux autres y seront amalgamés, et les quatre régimens conservés prendront, suivant leur ordre actuel, les numéros de 1 à 4.

34. Les trois dépôts de pontonniers et tous les détachemens de ce corps seront réunis à Strasbourg, et amalgamés dans le bataillon qui doit être réorganisé.

35. Les douze premières compagnies d'ouvriers seront conservées ; les six autres et les cinq compagnies d'armuriers seront amalgamées avec les compagnies conservées.

36. Chaque escadron du train d'artillerie sera composé, en officiers, sous-officiers et soldats, de six anciens bataillons, qui seront réunis dans chacune des écoles où doit avoir lieu la nouvelle réorganisation.

37. L'artillerie de la garde concourra avec les régimens de cette arme pour la nouvelle organisation du corps royal de l'artillerie.

Les officiers seront placés dans le grade auquel ils sont assimilés dans la ligne.

Les sous-officiers et soldats auront une solde supérieure et proportionnée aux avantages dont ils ont joui jusqu'à ce jour.

38. Aussitôt après que l'organisation du corps royal de l'artillerie aura été effectuée, sa situation générale sera mise sous nos yeux, et nous déterminerons le nombre de congés à accorder.

39. Les officiers qui sont prisonniers de guerre, seront compris dans les cadres de l'organisation; et les sous-officiers et caporaux qui rejoindront les corps après la réorganisation, conserveront leurs grades, et seront mis à la suite des corps auxquels ils appartiennent.

TITRE V.

Moyens d'exécution.

40. Le comité spécial présentera, sous le plus bref délai, au ministre de la guerre, un travail relatif à l'admission à la retraite et au classement, ainsi qu'à l'emploi de tous les officiers généraux et supérieurs et employés du corps, en se conformant aux dispositions prescrites dans le titre précédent.

41. Il sera envoyé dans chacune des écoles d'artillerie un inspecteur général de cette arme, pour faire le même travail pour les officiers particuliers, sous-officiers et soldats : ces inspecteurs généraux soumettront leur travail au comité, qui le transmettra, avec son avis, au ministre de la guerre.

TITRE VI.

42. La solde des officiers, sous-officiers et soldats des troupes d'artillerie, restera telle qu'elle est fixée par les derniers réglemens.

43. Le budget des dépenses pour le matériel d'artillerie sera présenté, chaque année, par le comité central, en conséquence des ordres qui auront été donnés pour cette partie du service.

44. Notre ministre de la guerre est chargé de l'exécution de la présente ordonnance.

Donné à Paris, le 12 mai 1814.

TABLEAU *de la composition générale du Corps royal de l'Artillerie.*

DÉSIGNATION des corps.	ÉTAT-MAJOR.	PIED DE PAIX.	FORMATION D'UNE COMPAGNIE.	PIED DE PAIX.
N° 1. ÉTAT-MAJOR général.	1er Inspecteur-général	1.		
	Généraux de division	9.		
	Généraux de brigade	12.		
	Colonels	36.		
	Majors	10.		
	Chefs de bataillon	42.		
	Capitaines en 2e	40.		
	Élèves	50.		
	TOTAL des officiers	200.		
	Employés de toute espèce	424.		
N° 2. RÉGIMENT D'ARTILLERIE A PIED composé de 21 compagnies.	Colonel	1.	Capitaine en 1er	1.
	Major	1.	Capitaine en 2e	1.
	Chefs de bataillon	5.	Lieutenant en 1er	1.
	Quartier-maître	1.	Lieutenant en 2e	1.
	Adjudans-majors	2.		
			TOTAL des officiers	4.
	TOTAL des officiers	10.		
			Sergent-major	1.
			Sergens	4.
	Adjudans-sous-officiers	4.	Fourrier	1.
	Artificier chef	1.	Caporaux	4.
	Tambour-major	1.	Artificiers	4.
	Caporal-tambour	1.	Ouvriers (dont 2 en fer et 2 en bois)	4.
	Musiciens	8.		
	Maîtres tailleur	1.	Canonniers de 1re classe	12.
	Maîtres cordonnier	1.	Canonniers de 2e classe	30.
	Maîtres armurier	1.	Tambours	2.
	TOTAL des sous-off. et ouvr.	18.	TOTAL des sous-offic. et can.	62.

DÉSIGNATION des corps.	ÉTAT-MAJOR.	PIED DE PAIX.	FORMATION D'UNE COMPAGNIE.	PIED DE PAIX.
N°. 3. RÉGIMENT D'ARTILLERIE A CHEVAL composé de 6 compagnies.	Colonel	1.	Capitaine en 1er	1.
	Major	1.	Capitaine en 2e	1.
	Chefs d'escadron	3.	Lieutenant en 1er	1.
	Quartier-maître	1.	Lieutenant en 2e	1.
	Adjudant-major	1.		
			Total des officiers.	4.
	Total des officiers.	7.		
			Maréchal-des-logis chef.	1.
			Maréchaux-des-logis	4.
			Fourrier	1.
	Adjudant sous-officier.	2.	Brigadiers	4.
	Brigadier-trompette	1.	Artificiers	4.
	Artiste vétérinaire	1.	Ouvriers (dont 2 en fer et 2 en bois)	4
	Maîtres tailleur	1.		
	Maîtres bottier	1.	Canonniers de 1re classe.	12.
	Maîtres sellier	1.	Canonniers de 2e classe	29.
	Maîtres armurier-éperonnier	1.	Maréchal ferrant	1.
			Trompettes	2.
	Total des sous-off. et ouvr.	8.	Total des sous-off. et can.	62.
N° 4. BAT.on DE PONTONNIERS composé de 8 compagnies.	Major	1.	Capitaine en 1er	1.
	Quartier-maître	1.	Capitaine en 2e	1.
	Adjudant-major	1.	Lieutenant en 1er	1.
			Lieutenant en 2e	1.
	Total des officiers	3.	Total des officiers.	4.
	Adjudant sous-officier	1.	Sergent-major	1.
	Maître const. (serg.-maj.)	1.	Sergens	4.
	Caporal-tambour	1.	Fourrier	1.
	Maîtres tailleur	1.	Caporaux	4.
	Maîtres cordonnier	1	Maîtres ouvriers	4.
	Maîtres armurier	1.	Pionniers	46.
			Tambours	2.
	Total des sous-off. et ouvr.	6.	Total des sous-offi. et pont.	62.

DÉSIGNATION des corps.	ÉTAT-MAJOR.	PIED DE PAIX.	FORMATION D'UNE COMPAGNIE.	PIED DE PAIX.
Nº 5. OUVRIERS D'ARTILLERIE composés de 12 compagnies.			Capitaine en 1er.	1.
			Capitaine en 2e.	1.
			Lieutenant en 1er. . . .	1.
			Lieutenant en 2e. . . .	1.
			TOTAL des officiers.	4.
	. . . .	»	Sergent-major	1.
			Sergens.	4.
			Fourrier	1.
			Coporaux.	4.
			Maîtres ouvriers	4.
			Ouvriers de 1re classe. .	8.
			Ouvriers de 2e classe. .	16.
			Apprentis.	22.
			Tambours	2.
			TOTAL des sous-off. et ouvr.	62.
Nº 6. ESCAD. DU TRAIN D'ARTILLIE. composé de 4 compagnies.	Chef d'escadron	1.	Capitaine	1.
	Adjudant-major.	1.	Lieutenant	1.
	Quartier-maître.	1.	Sous-lieutenant.	1.
	TOTAL des officiers.	3.	TOTAL des officiers.	3.
	Adjudant sous-officier .	1.	Maréchal-des-logis chef.	1.
	Artiste vétérinaire . . .	1.	Maréchaux-des-logis . .	4.
	Brigadier-trompette . .	1.	Fourrier	1.
	Maîtres sellier-bourr.er.	1.	Brigadiers	4.
	Maîtres tailleur.	1.	Soldats de 1re classe. . .	12.
	Maîtres bottier.	1.	Soldats de 2e classe. . .	35.
	Maîtres culottier. . . .	1.	Maréchaux-ferrans. . .	2.
	Maîtres armurier-éperonnier . . .	1.	Ouvrier-bourrelier. . .	1.
			Trompettes.	2.
	TOTAL des sous-off. et ouv.	8.	TOTAL des sous-off. et sold.	62.

RÉCAPITULATION GÉNÉRALE DE LA COMPOSITION DU CORPS.

N°. 7.	Généraux de division.	Généraux de brigade.	Colonels.	Majors.	Chefs de bataillon ou d'escadron.	Capitaines en 1er	Capitaines en 2e	Lieutenans en 1er	Lieutenans en 2e	Adjudans majors et Quartiers-maîtres.	Élèves	Total des Officiers.	Employés de toute espèce.	Sous-Officiers et Soldats. — pied de paix.
État-major général	10.	12.	36.	10.	42	»	40.	»	»	»	50.	206.	»	»
8 régimens à pied	»	»	8.	8.	40	168.	168.	168.	168.	24	»	752.	»	10,560.
4 régimens à cheval	»	»	4	4.	12.	24.	24.	24	24.	8.	»	124	»	1,520.
1 bataillon de pontonniers	»	»	»	1.	»	8	8	8	8.	2.	»	35.	»	502.
12 compagnies d'ouvriers	»	»	»	»	»	12.	12.	12	12.	»	»	48.	»	744.
Employés d'artillerie	»	»	»	»	»	»	»	»	»	»	»	»	424.	»
Total pour l'artillerie	10.	12.	48	23	94	212.	252.	212.	212.	34.	50	1,159.	424.	13,326.
4 escadrons du train d'artillerie.	»	»	»	»	4	16.	»	16.	16.	8.	»	60.	»	1,024.
Total général.	10	12	48.	23	98	228.	252.	228	228.	42.	50.	1,219.	424.	14,350.

Certifié conforme,

Le Secrétaire d'État provisoire, *signé* LE BARON DE VITROLLES.

Organisation du Corps royal du Génie.

ART. 1er. Les attributions du corps du génie en temps de paix, sont, l'inspection générale des frontières et des troupes de l'arme, la direction des travaux d'entretien et d'augmentation des places fortes, des batteries et du casernement, tant des places et postes de guerre, que des départemens de l'intérieur, et la surveillance des canaux qui intéressent la défense des frontières.

Ses établissemens sont,

Le comité central des fortifications;
Le dépôt des plans et archives des fortifications du royaume et des colonies, et la galerie des reliefs des places fortes du royaume, et en outre la brigade topographique;
Vingt-six directions du génie sur le continent, et trois dans les îles, y compris la Corse;
La direction de l'arsenal du génie;
Trente sous-directions, y compris celle de l'arsenal et celle de l'école des élèves;
Les écoles régimentaires.

2. Le corps royal du génie sera composé d'un état-major, de trois régimens de sapeurs et mineurs, d'une compagnie d'ouvriers, d'une compagnie du train du génie, d'une école d'élèves, de trois écoles régimentaires, et des gardes du génie.

3. L'état-major du génie sera composé ainsi qu'il suit:

Premier inspecteur général	1	11.
Généraux de division	4	
Généraux de brigade	6	

Nota. Ces onze officiers généraux font partie de l'état-major général de l'armée.

Colonels, dont 20 directeurs et 10 sous-directeurs	40.
Majors sous-directeurs	20.
Chefs de bataillon de 1re classe, ingénieurs en chef dans les places	40.
Chefs de bataillon de 2e classe, *idem*	20.
Capitaines de 1re classe	120.
Capitaines de 2e classe	100.
Lieutenans	40.
Elèves sous-lieutenans	20.
	400.

4. Chaque régiment du génie sera de deux bataillons; chaque bataillon aura six compagnies, dont une de mineurs et cinq de sapeurs.

L'état-major et les compagnies d'un régiment seront organisés ainsi qu'il suit :

ÉTAT-MAJOR.	Officiers.	Troupe.	COMPAGNIES de Mineurs ou de Sapeurs.	Officiers.	Troupe.
Colonel	1.	»	Capitaine en premier	1.	»
Major	1.	»	Capitaine en second	1.	»
Chefs de bataillon	3.	»	Lieutenant en premier	1.	»
Adjudans-majors	2.	»	Lieutenant en second	1.	»
Quartier-maître	1.	»	Sergent-major	»	1.
Porte-drapeau	1	»	Sergens	»	4.
Chirurgien-major	1.	»	Fourrier	»	1.
Aide-major	1.	»	Caporaux	»	4.
Sous-aide-major	1.	»	Artificiers ou maîtres ouvriers	»	4.
Adjudans-sous-offic.ers	»	2.	Mineurs ou sapeurs de première classe	»	30.
Tambour-major	»	1.	Mineurs ou sapeurs de deuxième classe	»	50.
Caporal-tambour	»	1.	Tambours	»	2.
Musiciens, dont un chef	»	8.			
Maîtres tailleur-guêt.er	»	1.			
Maîtres cordonnier	»	1.			
Maîtres armurier	»	1.			
	12.	15.		4.	96.

Ainsi la force d'un régiment sera de 1227 hommes, dont 60 officiers et 1167 sous-officiers et soldats.

5. La compagnie d'ouvriers du génie sera composée conformément au tableau suivant :

COMPAGNIES D'OUVRIERS.	Officiers.	Troupe.
Capitaine en premier	1.	»
Capitaine en second	1.	»
Lieutenant en premier	1.	»
Lieutenant en second	1.	»
Sergent-major	»	1.
Sergens	»	4.
Fourrier	»	1.
Caporaux	»	6.
Maîtres ouvriers	»	6.
Ouvriers de première classe	»	20.
Ouvriers de deuxième classe	»	28.
Apprentis	»	54.
Tambours	»	2.
	4.	122.

Ainsi la force de la compagnie d'ouvriers sera de cent vingt-six hommes, dont quatre officiers, et cent vingt-deux sous-officiers et soldats.

6. La compagnie du train du génie sera composée ainsi qu'il suit :

	HOMMES.		CHEVAUX.	
	Officiers.	Troupe.	d'Officiers.	de Troupe.
Lieutenant commandant la compagnie.	1.	»	1.	»
Sous-lieutenans	2.	»	2.	»
Maréchaux-des-logis chef. . . .	»	1.	»	»
Maréchaux-des-logis	»	4.	»	»
Brigadier-fourrier.	»	1.	»	»
Brigadiers.	»	8.	»	»
Soldats	»	74.	»	25.
Maréchaux-ferrans	»	2.	»	»
Sellier-bourrelier.	»	1.	»	»
Bottier	»	1.	»	»
Tailleur	»	1.	»	»
Trompettes	»	2.	»	»
	3.	95.	3.	25.

Ainsi la force du train du génie sera de quatre-vingt-dix-huit hommes, dont trois officiers.

7. Une commission mixte d'officiers généraux pris dans les deux armes sera chargée, plus tard, de faire un rapport sur la question de savoir s'il est convenable au bien de notre service, de séparer les écoles maintenant réunies à Metz, et sur les moyens d'opérer cette séparation.

8. Il y aura une école régimentaire auprès de chaque régiment des troupes du génie. Elles auront pour objet, comme par le passé, l'instruction pratique et l'instruction théorique.

Pour l'instruction théorique, il y aura dans chaque école trois professeurs, savoir :

1 Professeur de mathématiques,
1 Professeur de dessin,
1 Professeur de lecture et d'écriture.

9. Les gardes du génie seront répartis en trois classes, ainsi qu'il suit :

DÉSIGNATION.	NOMBRE.
De première classe	120.
De deuxième classe	180.
De troisième classe	200.
	500.

10. Ainsi la force totale du corps du génie est de,

	Officiers.	Sous-Officiers et Soldats.
État-major, non compris les généraux	400.	»
Trois régimens	180.	3,501.
Une compagnie d'ouvriers	4.	122.
Une compagnie du train	3.	95.
Totaux	587.	3,728.
	4,315.	
Il y aura, en outre, pour le service du génie,		
Les professeurs des écoles … 9.	509.	
Les gardes … 500.		
Total général	4,824.	

11. Les deux bataillons de mineurs et les cinq bataillons de sapeurs seront amalgamés dans les régimens du génie, conformément à la répartition qui sera faite par le ministre de la guerre.

Les officiers et sous-officiers de tout grade seront placés titulairement, suivant leur rang d'ancienneté, soit qu'ils se trouvent présentement titulaires ou à la suite.

12. Il y aura par régiment un drapeau dont le fond sera blanc, portant l'écusson de France et la désignation du régiment. Le modèle nous en sera présenté par le ministre de la guerre, et les drapeaux seront donnés aux régimens à l'époque que nous fixerons.

13. Il y aura deux enfans de troupe par compagnie, pris parmi ceux des sous-officiers et soldats du régiment; ils jouiront des avantages qui leur ont été accordés par les derniers réglemens.

14. Les appointemens et indemnités des officiers, la solde des sous-officiers et soldats, resteront tels qu'ils sont établis par les réglemens actuellement en vigueur.

15. Les sous-officiers, caporaux et tambours qui excéderont le complet, seront conservés aux régimens, et recevront la solde d'ac-

tivité : ils seront admis à concourir, suivant leur grade, pour les emplois qui vaqueront, en se conformant à ce qui sera réglé plus tard pour l'avancement des sous-officiers dans les troupes du génie.

Quant à ceux qui reviendront des prisons de guerre après l'organisation effectuée, ils seront mis à la suite des corps, suivant la répartition qui en sera faite par le ministre de la guerre, et ils jouiront du bénéfice des dispositions précédentes.

16. Aussitôt après l'organisation des troupes du génie, leur situation générale sera mise sous nos yeux, et nous déterminerons le nombre de congés absolus à accorder.

17. Les officiers nés dans les pays qui, à la paix, ne feront plus partie de la France, seront libres de continuer leurs services, ou de retourner dans leurs foyers.

18. Seront admis à la solde de retraite tous les officiers qui, par l'ancienneté de leurs services, par leurs blessures ou leurs infirmités, ont des droits acquis à une solde de retraite d'après les réglemens actuellement en vigueur. Seront également admis à la retraite ou à la réforme, avec les droits que leur donnent leurs nouveaux services, tous les officiers qui sont rentrés en activité depuis le 1er janvier 1812.

En conséquence, les généraux chargés de l'organisation ne placeront comme titulaire aucun officier auquel les dispositions précédentes pourroient être applicables.

19. Outre les officiers nécessaires pour le complet, il sera conservé à la suite de chaque régiment, et suivant l'ordre d'ancienneté, un chef de bataillon, un adjudant-major, quatre capitaines et quatre lieutenans.

Tous les autres officiers, sans distinction de grade, seront admis à jouir, dans leurs foyers, d'un traitement égal à la moitié des appointemens d'activité.

20. Les deux premiers tiers des emplois qui viendront à vaquer dans les cadres d'officiers, appartiendront exclusivement, savoir :

Ceux de colonel et de major, aux colonels et aux majors en non-activité, dans l'ordre de leur ancienneté ;

Ceux de chef de bataillon, capitaine, lieutenant et sous-lieutenant, aux chefs de bataillon, capitaines, lieutenans et sous-lieutenans à la suite, aussi dans l'ordre de leur ancienneté.

Nous nous réservons la nomination à l'autre tiers des emplois de tout grade qui viendront à vaquer.

Au fur et à mesure que des officiers à la suite seront appelés à remplir des emplois en pied, des officiers en non-activité seront appelés à remplacer ceux qui, par l'effet du présent article, passeront de l'emploi à la suite à l'emploi titulaire.

Les officiers en non-activité rouleront, pour leur rappel, sur la totalité de l'arme à laquelle ils appartiennent, d'après l'ordre du tableau général qui sera dressé par ancienneté pour chaque arme.

Les officiers à la suite et ceux en non-activité concourront avec les officiers titulaires des autres armes pour les emplois de tous les corps qui pourront être créés par la suite.

21. Jusqu'à ce que les officiers désignés pour la solde de retraite, le traitement de réforme ou de non-activité, aient reçu leur ordre de départ, il resteront à leur régiment, et y recevront leur traitement d'activité.

22. Le comité central des fortifications présentera, par l'organe du premier inspecteur général,

1° Une liste nominative des officiers de tout grade à mettre en retraite ou en réforme;

2° Une liste nominative des officiers généraux, supérieurs et autres, à mettre en activité dans l'état-major général du corps et dans les états-majors particuliers des régimens;

3° Un état nominatif, et par ordre d'ancienneté dans chaque grade, des officiers à mettre en non-activité;

4° Une liste nominative des employés à conserver en non-activité, et de ceux à mettre à la suite du corps; de ceux à mettre en non-activité comme surnuméraires, et de ceux à mettre en retraite ou en réforme.

23. Aussitôt que les garnisons des régimens et autres troupes du génie auront été désignées, le ministre de la guerre dirigera sur ces résidences les corps et portions de corps qui seront destinés à la formation de ces régimens.

24. Il sera envoyé à chacune de ces garnisons un inspecteur général du génie, pour effectuer l'organisation de chaque régiment et de ses compagnies.

Ces officiers généraux seront chargés de rédiger le travail de l'organisation pour les officiers des grades inférieurs à celui de chef de bataillon, ainsi que pour les sous-officiers et soldats des troupes du génie comprises dans leur arrondissement. Le travail des inspecteurs sera définitif à l'égard des sous-officiers et soldats; mais, avant de l'être pour les officiers, le comité central des fortifications le soumettra, par l'organe du premier inspecteur général, à l'approbation du ministre.

25. Les généraux de division alterneront entre eux pour remplir, d'année en année, et par ordre d'ancienneté, quatre places d'inspecteurs généraux, et être membres du comité central. Il en sera de même pour les six places d'inspecteurs que devront occuper les généraux de brigade.

26. Les sapeurs de la garde concourront, avec les sapeurs de la ligne, pour l'organisation des régimens de sapeurs. Les sous-officiers et soldats auront une solde supérieure et proportionnée aux avantages dont ils ont joui jusqu'à ce jour.

Les officiers seront placés dans le grade supérieur auquel ils sont assimilés dans la ligne.

27. Le ministre de la guerre est chargé de l'exécution de la présente ordonnance.

Ordonnance du Roi concernant le rétablissement des Gardes-du-Corps.

Au château des Tuileries, le 23 mai 1814.

Sa Majesté, n'ayant cessé de conserver le souvenir des services rendus aux rois ses prédécesseurs, et des preuves répétées de valeur, de fidélité et d'entier dévouement, données dans tous les temps, et plus particulièrement à son auguste frère Louis XVI, de glorieuse mémoire, par les gardes-du-corps, a jugé à propos de les rappeler auprès de sa personne.

Sa Majesté, après s'être fait représenter l'ordonnance de Louis XVI, relative à la création des gardes-du-corps, et avoir reconnu que plusieurs ordonnances postérieures se sont trop écartées de la primitive institution de ce corps, a résolu de s'en rapprocher autant que le comporte la différence des temps, et ELLE A, en conséquence, ORDONNÉ et ORDONNE ce qui suit :

Art. 1er. Le corps des gardes-du-corps du Roi est rétabli. Il sera composé de six compagnies distinctes et s'administrant séparément : elles prendront rang entre elles par 1re, 2e, 3e, 4e, 5e et 6e, et la première conservera son ancienne dénomination de *Compagnie Écossaise.*

Un état-major général est et demeurera attaché à ce corps ; et le corps aura une compagnie d'artillerie divisée en six escouades, à raison d'une escouade par compagnie, chaque escouade devant être armée de deux bouches à feu, qui seront servies par des gardes-du-corps.

2. Chacune des six compagnies des gardes-du-corps sera composée de,

État-major de compagnie :

- 1 Capitaine des gardes ;
- 1 Aide-Major ;
- 1 Sous-aide-Major ;
- 3 Porte-étendards ;
- 1 Fourrier ;
- 2 Sous-Fourriers ;
- 2 Instructeurs ;
- 12 Trompettes ;
- 1 Trésorier ;
- 1 Aumônier ;
- 1 Chirurgien-Major ;
- 1 Piqueur,
- et 1 Sous-Inspecteur aux revues.

Compagnie . .
- 1 Commandant d'escadron (c'est le plus ancien Lieutenant ;
- 6 Lieutenans ;
- 13 Sous-Lieutenans, dont un sera tiré du corps royal de l'artillerie ;
- 13 Maréchaux-des-logis, dont un sera tiré du corps royal de l'artillerie ;
- 24 Brigadiers ;
- 360 Gardes-du-corps, qui feront alternativement le service de l'artillerie du corps,
- et 60 Gardes surnuméraires, sans appointemens.

3. L'état-major général, qui doit être constamment en service dans le lieu de la résidence du Roi, sera composé de,

- 1 Major ;
- 2 Aides-Major-Généraux ;
- 1 Lieutenant commandant l'artillerie ;
- 1 Fourrier-Major ;
- 2 Sous-Fourriers ;
- et 1 Inspecteur aux revues.

4. Sa Majesté voulant, pour le choix des officiers destinés à commander ses gardes-du-corps, se reporter au principe de leur institution, d'après lequel Louis XIV décida que les emplois d'officiers de ses gardes seroient la récompense des belles actions, des talens militaires et du mérite personnel, ordonne que, postérieurement à la présente formation, les règles pour les nominations et l'avancement seront celles ci-après :

Les places de lieutenant qui viendront à vaquer dans chaque compagnie, seront données alternativement aux premiers sous-lieutenans de la même compagnie où les vacances existeront, et aux officiers généraux de l'armée, d'après l'avis préalable du ministre secrétaire d'état ayant le département de la guerre.

Les places de sous-lieutenant, dans chaque compagnie, seront de même données alternativement aux maréchaux-des-logis de la compagnie où la sous-lieutenance sera vacante, et aux colonels, majors et chefs d'escadron des troupes à cheval, d'après l'avis préalable du secrétaire d'état de la guerre.

Le major sera toujours choisi, par les capitaines des gardes, parmi les lieutenans du corps, et présenté au Roi par le capitaine de service.

Les aides-major-généraux et les aides-major de compagnie seront toujours choisis parmi les sous-lieutenans du corps ; savoir : l'aide-major-général, par les capitaines des gardes, et présenté au Roi par le capitaine de service ; et l'aide-major de compagnie, par le capitaine de la compagnie où la place d'aide-major sera vacante.

Les places de sous-aide-major et celles de porte-étendard sont et demeureront au choix du capitaine de la compagnie où ces places viendront à vaquer.

Veut au surplus sa Majesté que, pour la formation actuelle, ses capitaines des gardes lui présentent, pour les emplois d'officier et de garde,

1° Les officiers et gardes de l'ancien corps des gardes-du-corps du Roi, qui sont encore en état de servir;

2° Des officiers généraux et des officiers supérieurs, et autres de ses armées, d'après l'avis préalable du secrétaire d'état de la guerre.

5. L'aspirant à une place de garde du-corps sera proposé au capitaine par un officier ou garde de sa compagnie : il devra être muni de son acte de naissance, d'un certificat de quatre notables, constatant sa bonne conduite, l'état de sa famille et l'obligation par elle d'assurer à l'aspirant six cents francs de pension. Si l'aspirant a des services militaires, il en produira le certificat en bonne et due forme.

La taille exigée est de cinq pieds six pouces.

La vérification de toutes les conditions prescrites pour un aspirant, est dans les attributions du major des gardes-du-corps, qui en rendra compte au capitaine des gardes.

6. Les lieutenans et les aides-major sont colonels de droit, du jour de leur nomination, s'ils n'ont pas déjà ce grade ou un grade supérieur. Ils conservent leurs places dans le corps, quand ils sont promus au grade d'officier général.

L'aide major commande tous les sous-lieutenans. Lorsque son ancienneté le portera à une lieutenance, il pourra conserver sa place d'aide-major, si le capitaine juge que cela soit utile au bien du service; et alors l'aide-major recevra le grade de lieutenant des gardes-du-corps, et en touchera les appointemens.

7. Les sous-lieutenans ont le grade de major. Ils seront susceptibles d'obtenir le grade de colonel, après quatre ans de service dans la place de sous-lieutenant des gardes-du-corps.

Les sous-lieutenans venant du corps seront susceptibles d'obtenir le grade de colonel, après deux ans de service comme sous-lieutenans.

Les sous-aides-major sont sous-lieutenans; mais ils sont commandés par tous les sous-lieutenans : néanmoins ils roulent avec ceux-ci, à la date de leur nomination, soit pour occuper une sous-lieutenance, soit pour monter à une lieutenance.

8. Les trois porte-étendards, dans chaque compagnie, sont derniers sous-lieutenans, et sont commandés par tous les sous-lieutenans. Ils ont le grade de chef d'escadron dans l'armée.

9. Les deux premiers maréchaux-des-logis de chaque compagnie ont le grade de major, s'ils ont quatre ans de service comme maréchaux-des-logis dans le corps.

Les quatre maréchaux-des-logis venant après les deux premiers, ont le grade de chef d'escadron, s'ils ont trois ans de service dans le corps comme maréchaux-des-logis.

Les sept autres maréchaux-des-logis et les brigadiers ont le grade de capitaine, du jour de leur réception dans leur emploi.

10. Les gardes-du-corps sont lieutenans de cavalerie. Ils auront, après dix ans de service dans le corps, le grade de capitaine de cavalerie dans l'armée : ils y prendroient leur rang en conséquence, s'ils venoient à être appelés dans un des régimens de troupes à cheval.

11. Les gardes surnuméraires auront le grade de sous-lieutenans de cavalerie. Sa Majesté autorise les capitaines de ses gardes-du-corps à lui proposer pour surnuméraires des jeunes gens de l'âge de seize ans, fils ou d'officiers généraux, ou d'officiers de ses gardes-du-corps, ou appartenant aux premières classes de l'Etat; mais le nombre de ces surnuméraires, pour lesquels la condition de la taille n'est pas exigible, ne pourra excéder celui de douze par compagnie. Sa Majesté se réserve d'accorder à cette classe de surnuméraires le grade de capitaine, quand elle le jugera à propos, mais seulement lorsque le surnuméraire aura trois ans d'admission dans le corps, et s'il a servi trois mois chaque année au quartier de la compagnie à laquelle il sera attaché.

Entend d'ailleurs Sa Majesté qu'aucun mémoire des officiers et gardes, pour des demandes particulières, ne puisse lui être présenté, sans être signé du capitaine, comme garant du mérite personnel de celui qui sollicitera une grace quelconque.

12. Les appointemens et solde des officiers et gardes du corps des gardes-du-corps du Roi, de l'inspecteur aux revues et des sous-inspecteurs attachés à ce corps, et de tous les employés à sa suite, ont été réglés par Sa Majesté, et sont compris dans le tarif annexé à la présente ordonnance.

Sa Majesté conserve en outre au premier homme-d'armes de la compagnie Ecossaise son ancien supplément de solde de trois cents francs par an, et à chacun des douze gardes-de-la-Manche, celui de deux cents francs, aussi par an, dont ils jouissoient précédemment.

Les gardes surnuméraires n'ont pas de solde; mais le logement leur est fourni tant en quartier qu'en marche. En cas de guerre, et le corps faisant la campagne, tous les surnuméraires se rendront au quartier de leur compagnie : vingt-quatre en seront détachés pour compléter les escadrons de campagne, et ils recevront la solde des gardes en campagne; et les trente-six autres gardes surnuméraires, en service constant au quartier, recevront la solde de garde-du-corps en pied, aussi long-temps qu'ils y resteront.

Les appointemens et solde des officiers et gardes seront payés à l'état-major de leur compagnie respective, et ceux de l'état-major-général seront payés au lieu de la résidence du Roi.

13. Le Roi accorde et met annuellement à la disposition de chacun de ses six capitaines des gardes, une somme de dix mille francs, pour être distribuée, soit comme indemnité, soit en gra-

tification, aux officiers inférieurs et gardes qu'ils en jugeront susceptibles.

14. Sa Majesté établit et accorde, 1°. une masse de cent cinquante francs par an, sous le titre de masse d'habillement, pour chaque maréchal-des-logis, brigadier, fourrier, garde-du-corps et trompette : cette masse sera payée au complet; elle pourvoira à l'entretien et au renouvellement du grand uniforme, d'après le modèle qu'il plaira à sa Majesté d'arrêter;

2°. Une masse de deux cents francs par an, sous le titre de masse de remonte, par chaque cheval de troupe et de trait : cette masse sera payée au complet; elle pourvoira à l'achat des remontes, au renouvellement et à l'entretien de l'équipement et du harnachement, ainsi qu'aux frais de ferrage et d'écurie, et généralement à toute espèce de dépenses y relatives.

L'intention du Roi est que ces deux masses d'habillement et de remontes soient toujours payées au complet, et en même temps que la solde.

En cas de guerre, et le corps faisant la campagne, sa Majesté se réserve de donner aux compagnies de ses gardes les secours qu'elle jugera leur être nécessaires.

Tous les frais concernant le corps, et non encore indiqués, tels que ceux d'achat et d'entretien de tentes et autres effets de campement, dont sa Majesté veut que chaque compagnie ait à se pourvoir pour les escadrons de campagne, seront payés sur les fonds des masses, après qu'elles auront satisfait aux dépenses de leur principal objet.

15. Sa Majesté accorde une somme de cinquante mille francs par an, pour l'entretien de l'équipage du guet, dont le complet sera de cent quatre-vingts chevaux : cette masse se paiera avec la solde à l'état-major-général du corps.

16. Les fourrages pour les chevaux de troupe et de trait, et pour les chevaux du guet, seront fournis, par les soins du corps, au prix courant des marchés, constaté par le certificat des autorités civiles; ce prix sera fixé pour trois mois, à l'expiration desquels il s'accroîtra ou diminuera suivant le prix courant, et ainsi de trois en trois mois : cette dépense se paiera avec la solde.

La ration de fourrages sera la même que celle qui se trouve fixée pour les chevaux de la grosse cavalerie de l'armée.

17. Sa Majesté accorde à chacun des officiers des gardes-du-corps des six compagnies et de l'état-major, deux places de fourrages, sous l'obligation par eux d'avoir à leur compagnie deux chevaux d'escadron : les fourrages ne seront fournis que pour les chevaux présens.

18. Les arsenaux et magasins militaires pourvoiront à l'artillerie et à l'armement nécessaires au corps des gardes-du-corps de sa Majesté.

19. Le Roi rétablit l'administration des compagnies de ses gardes-du-corps, telle qu'elle étoit sous les règnes de Louis XIV et de Louis XV. Chaque capitaine, assisté de son aide-major, régira les finances et surveillera tous les détails de sa compagnie.

Les affaires du corps seront examinées et discutées dans un conseil, qui sera composé des six capitaines. Le major fera les fonctions de rapporteur au conseil, et l'inspecteur aux revues du corps y assistera; mais ni le major ni l'inspecteur n'auront voix délibérative.

20. Sa Majesté, voulant se référer aux anciennes ordonnances, relativement aux rapports distincts que le corps des gardes-du-corps doit reprendre et conserver avec deux secrétaires d'état, et dérogeant à cet égard aux ordonnances de 1784 et 1788, ordonne,

1°. Que les provisions d'emplois dans le corps seront expédiées par le secrétaire d'état du département de la maison de sa Majesté, et que les appointemens, solde et masses, et toutes autres dépenses du corps, seront dans les attributions de ce même secrétaire d'état, ainsi que le maintien des prérogatives et avantages de commensalité attribués au corps, et particulièrement aux capitaines des gardes;

2°. Que l'expédition des brevets des grades dans l'armée, accordés, par la présente ordonnance, aux officiers et gardes, et l'expédition de toutes les graces militaires quelconques dont ils seront susceptibles, seront dans les attributions du secrétaire d'état du département de la guerre;

A l'effet de quoi, chacun des six capitaines des gardes sera, pour sa compagnie, en rapport avec les deux secrétaires d'état, à raison de leurs attributions respectives.

21. Les six capitaines des gardes-du-corps s'occuperont, sans retard, d'un réglement sur le service de leurs compagnies dans les quartiers qui leur seront désignés, ainsi que sur le service dans le lieu de la résidence du Roi et auprès de sa personne, entendant sa Majesté qu'il règne dans les six compagnies la plus parfaite uniformité de tenue, d'instruction et de discipline.

22. Aussitôt que la nouvelle composition du corps sera effectuée, chacun des six capitaines dressera et certifiera l'état nominatif des officiers et gardes de sa compagnie, et en fera l'envoi aux deux secrétaires d'état auxquels ressortit le corps des gardes-du-corps, afin qu'ils fassent expédier, sans retard, chacun en ce qui le concerne, tant les provisions d'emplois dans le corps, que les brevets de grades dans l'armée, des officiers et gardes, conformément aux dispositions prescrites par la présente ordonnance.

Mande et ordonne sa Majesté aux capitaines des six compagnies de ses gardes-du-corps, de tenir la main à l'exécution de la présente ordonnance.

TARIF *des Appointemens et Solde du Corps des Gardes-du-corps du Roi.*

		GRADES.	APPOINTEMENS ET SOLDE PAR AN.	
COMPAGNIE.	ÉTAT-MAJOR.	Capitaine.	Trente-deux mille fr. ci	32,000 f.
		Aide-Major.	Six mille francs, ci . .	6,000.
		Sous-Aide-Major.	Quatre mille fr., ci. .	4,000.
		Porte-étendard.	Trois mille fr., ci. . .	3,000.
		Fourrier	Dix-neuf cents fr., ci.	1,900.
		Sous-Fourrier	Six cents fr., *en supplément de solde*, ci	600.
		Instructeur	Six cents francs, ci. .	600.
		Trompette	Sept cent vingt fr., ci.	720.
		Trésorier.	Trois mille fr., ci. . .	3,000.
		Aumônier	Douze cents fr., ci . .	1,200.
		Chirurgien-Major	Douze cents fr., ci . .	1,200.
		Piqueur	Sept cent vingt fr., ci.	720.
		Sous-Inspect.[r] aux rev.[es]	*Il aura son rang et les appointemens de son grade dans l'armée.*	
	COMPAGNIE.	Commandant d'escadron.	Quinze mille fr., ci. .	15,000.
		Lieutenant.	Douze mille fr., ci . .	12,000.
		Sous-Lieutenant	Six mille fr., ci. . . .	6,000.
		Maréchal-des-logis	Deux mille fr., ci. . .	2,000.
		Brigadier.	Seize cents fr., ci. . .	1,600.
		Gardes-du-corps	Huit cents fr., ci . . .	800.
		Surnuméraire.	*Sans appointemens.*	
ÉTAT-MAJOR GÉNÉRAL.		Major	Dix-huit mille fr., ci .	18,000.
		Aide-Major-général . . .	Douze mille fr., ci . .	12,000.
		Lieutenant comm.[nt] l'art.[e]	Douze mille fr., ci. .	12,000.
		Sous-Fourrier	Huit cents fr., *en supplément de solde*, ci.	800.
		Inspecteur aux revues. .	*Il aura son rang et les appointemens de son grade dans l'armée.*